Kommt mein Hund in den Himmel?

Manuela Treitmeier

Kommt mein Hund
in den Himmel?

Mit Illustrationen von
Karin Schliehe

Herder Freiburg · Basel · Wien

Umschlagentwurf: Meike Hürster
unter Verwendung einer Illustration
von Karin Schliehe.
Illustrationen: Karin Schliehe – S. 27, 47, 53, 63 Kinderzeichnungen

Textverarbeitung: G. Scheydecker, Freiburg im Breisgau
Herstellung: Freiburger Graphische Betriebe 1996
ISBN 3-451-26109-X

Inhaltsverzeichnis

Eine große Reise beginnt

Dieses Buch schrieb ich für all die großen und kleinen Leute, die mit ihren Gedanken über unsere Welt hinausreisen wollen. Es ist also eigentlich eine Raumfähre, die schon zur Abfahrt bereit steht.

Um sich startbereit zu machen, empfehle ich das Aufblättern und Heraussuchen eines Schlüssels – einer Frage. Sollte die eine oder andere Frage schon bekannt sein, wünsche ich einen guten Flug.

Sollte – was ich nicht hoffe – dieser Schlüssel nicht der richtige sein, so muß man sich einen anderen Türöffner suchen. Für die kleinen Leute ist das ein Kinderspiel. Schwieriger wird es, wenn man erwachsen ist. Erwachsensein ist immer kompliziert!

Deshalb ein zusätzlicher Rat, der nur für große Leute gedacht ist: Der Schlüssel liegt in einem Geheimfach, das vielleicht schon viele Jahre lang nicht mehr geöffnet wurde!

Was du mit diesem Buch kannst

1. Woher wissen die Menschen, daß es Gott gibt?

Lieber Gott, gibt es dich überhaupt
und wie bist du entstanden?
Hast du einen Vater?

Macht es dir Spaß zu raten? Dann stelle ich dir jetzt gleich ein Rätsel, das du lösen sollst.

Es ist mittelgroß, schlank oder rundlich. Es ist fröhlich, traurig, aufgeweckt oder gerade müde. Es ist immer neugierig oder eher zurückhaltend. Es läßt sich gerne überraschen oder versucht, alles schon vorher zu entdecken, sagt manchmal „ich mag" oder aber auch „ich mag nicht", besitzt etwas, mit dem es gerne kuschelt oder zieht es vor, zu Mama und Papa ins Bett zu schlüpfen. Es hat viel Zeit zum Nachdenken oder ist gerade ganz schön ausgebucht mit Sportverein, Ballett, Judo oder Fußballtraining. Es liest, bastelt, malt, rechnet, spielt gerne oder sitzt lieber da und träumt…

Sicher hast du schon entdeckt, was oder genauer gesagt, wen ich meine. Es bist du selbst!

Der, der dich über Vater und Mutter ins Leben gerufen hat, ist Gott. Wie das geht, fragst du? Schau, du weißt bestimmt schon, daß vor vielen Jahren, bevor die Zeit begann, nichts da war. Wir Menschen wissen nicht, wie lange das her ist. Wir können es nur vermuten und erahnen. Manche Wissenschaftler sagen, es hätte vor ca. 18 Milliarden Jahren einen großen Knall, den Urknall, gegeben. Allmählich wären dann unsere Welt und der Kosmos darüber entstanden. Fest steht auf jeden Fall: alles um uns herum hat eine unendlich lange Entstehungsgeschichte. Dabei ist immer eines aus dem andern geworden, Altes vergangen und Neues gewachsen.

Wenn aber etwas entsteht, muß es irgendwo einen Anfang haben. Diesen Anfang nennen wir Gott. Er war damals da. Er wird auch da sein, wenn alles, was jetzt ist, wieder neu von ihm gestaltet wird. Er ist der Anfang und steht am Anfang aller Dinge. Er hat deshalb keinen Vater, sondern er ist der Schöpfer.

Warum brauche ich dich?

Betrachte dich einmal ganz genau im Spiegel. Du hast einen Kopf, Haare, Gesicht, Augen, Nase, Hals, Bauch, Beine, Hände, Füße. Es gibt noch viel mehr, was dein Spiegel dir gar nicht zeigt. Du atmest, trinkst und gehst. Du siehst, was um dich herum vorgeht. Du bist fähig zu denken, und dein Wissen vergrößert sich von Tag zu Tag.

Tief in dir, völlig unsichtbar und nur zu spüren, stecken kleine Freunde, aber auch Feinde. Wenn es dir gut geht, sind gerade die Freunde am Werk. Sie loben dich, verstehen dich, sind gut zu dir. Sie zeigen dir, daß du toll bist. Plötzlich aber kann es geschehen, daß ihre Feinde alles kaputt machen wollen. Sie nörgeln an dir herum, schimpfen, weil du etwas falsch machst oder das, was du tun sollst, nicht kannst.

Da brauchst du jemanden, der dir hilft. Er muß all das, was in dir vorgeht, auch sehen. Er muß immer bei dir sein und dir die Kraft geben, das Schlechte wieder zu vertreiben. Das kann ein Freund sein, der dich tröstet, oder deine Eltern, die dich in den Arm nehmen. Irgendjemand muß dich ganz liebhaben, damit du vertraust. Dann wird es wieder gut.

Aber was geschieht, wenn gerade kein Freund da ist, der dich kennt? Was ist los, wenn Papa und Mama nicht zu Hause sind oder wenn du schon so groß bist, daß du allein bleiben darfst? Die Ich-Feinde sind nämlich schlau. Sie nutzen genau die Zeit, in der sie dich alleine sehen!

Keine Angst! Es gibt jemanden, der immer da ist, wenn du ihn brauchst. Davon berichteten uns schon vor vielen tausend Jahren Menschen. Sie gaben ihrem Helfer einen besonderen Namen: Gott, das heißt: Wenn wir rufen, hört uns jemand zu.

11

Wie schaffst du es, gleichzeitig bei uns und bei anderen Menschen zu sein? Wie machst du das, daß du aufeinmal auf alle Menschen aufpaßt?

Stell dir am besten vor, daß alles, was lebt und was Gott erschuf, wie eine riesengroße Kugel ist, die von Gott festgehalten wird. Gott ist allmächtig. Er ist über dem All, also über allen Sternen und allen Planeten. Grenzen, die es für uns Menschen gibt, gibt es für ihn nicht.

Genauso gibt es für Gott keine Zeit, während sie für uns allein schon durch die Bewegung der Erde bestimmt wird. Deswegen kann er auf dich aufpassen, wenn du aufstehst und dich für den Tag fertigmachst. Zugleich ist er in Amerika bei einem anderen Kind, das noch im Bett liegt.

Lieber Gott!

Wo ist der Himmel? Was ist der Himmel? Wie sieht er aus?

Wie siehst du aus?
Ich möchte dich gerne sehen!

Lies dazu folgende Geschichte: Ein Mann wollte blinde Kinder einen Elefanten zeichnen lassen. Weil die Kinder ja keinen Elefanten sehen konnten, ließ er sie vor einen Elefanten führen.

Er sagte ihnen, sie sollten ihn mit den Händen betasten. Manchen von ihnen gefiel der Schwanz des Elefanten so gut, daß sie ihre Hände nur kurze Zeit auf dem übrigen Körper verweilen ließen. Sie zeichneten später einen riesengroßen Schwanz, Ohren und keine Stoßzähne. Anderen Kinder wiederum hatte es der Rüssel angetan. Weißt du, was sie malten? Kannst du dir auch vorstellen, was diejenigen Kinder aufs Papier brachten, die von den Stoßzähnen begeistert waren? Alle Bilder waren zum Schluß wie ein Puzzle. Sie mußten zu einem Ganzen zusammengefügt werden.

Genauso wie diesen Kindern geht es uns. Wir sehen immer nur Teile, aber nie das Ganze, das Gott heißt.

Auch ich bin deshalb nur dazu imstande, dir meine Gedanken aufzuschreiben. Lies sie dir in Ruhe durch. Bastle dir mit deinen Teilen und den Teilen anderer Menschen ein eigenes Puzzle im Kopf zusammen!

Kann ich dich malen, lieber Gott?

Bist du ein Mensch, weil es heißt, du hast uns nach deinem Bild gestaltet? Dann wäre es leicht, Gesicht, Körper, alles wäre bald fertig. Aber es heißt doch, du hast keinen Anfang und kein Ende. Ich habe beides. Der sichtbare Anfang ist meine Geburt. Das sichtbare Ende ist der Tod. Und dein Kopf, lieber Gott? Meiner rechnet, schreibt, entdeckt Neues. Irgendwann spüre ich, daß ich manches nicht lernen kann. Ich besitze kein Talent dazu und muß es bleiben lassen. Aber du, lieber Gott, du kannst alles. Du hast doch als erster jedem Menschen seine Fähigkeiten gegeben. Es ist bei uns wie bei einem Computer. Erst wenn das Programm in ihm gespeichert ist, kann er etwas. Also hast du alle Programme für uns in der Hand. Nein, lieber Gott, ich kann dich nicht malen. Oder doch? Ist nicht Jesus von dir? Sein Kreuz und sein Leben? Ist nicht Jesus der, der deine Liebe weitergibt? Er sagt uns, in jedem Menschen könne man ihm begegnen, wenn man seine Liebe im Herzen hat. Die Liebe, die von dir zu ihm gekommen ist? Nun wird's leichter, lieber Gott. Du bist rund, in Jesus wird ein Teil von dir für uns sichtbar und du zeigst dich, wenn wir Menschen uns verstehen, so wie Vati und Mutti mich lieben und verstehen, jeder auf seine Weise…

16

Wie gern hast du uns?

Dir gefällt es, wenn man dich liebhat und streichelt. Du liebst es, wenn Menschen sich verstehen und sich gernhaben. Du bist froh, wenn man dir verzeiht, auch wenn du gerade nicht nett warst und vielleicht sogar jemandem weh getan hast? Das, was Menschen lieb macht und das, was sie bewegt, einander zu verzeihen, kurz alles, was aus echter Liebe getan wird, ist Gott. Gott ist die Freudekraft und Gutgehekraft, die dein Inneres stark machen. Erinnere dich an die Ich-Feinde! Er spricht – wenn sich Menschen wirklich lieben, über diese Menschen zu dir. Damit will er dir zeigen, wie gern er dich hat.

Manchmal willst du aber allein sein. Du magst mit deinen Gedanken auf einer Wiese liegen, die Sonne genießen, oder die Natur hören? Auch da sagt dir Gott gerade, wie gern er dich hat, denn er spricht aus den Vögeln, den Blumen, aus der Sonne, aus der Freude, weil du die Sonne spüren kannst. Wenn du ihn nicht hören magst oder wenn du ihn nicht verstehen willst, wartet er auf dich. Er läuft dir nach, um dich zu suchen.

Das wird in einer Geschichte erzählt, die in der Bibel steht. Sie schildert, wie ein kleines Schaf von seiner Herde wegläuft. Der Hirte macht sich auf den Weg, um es zu suchen. Das Schäfchen, das wärst du, wenn du Gott gerade nicht magst und deshalb nicht gut sein kannst. Der Hirte, das ist Jesus, der dich sucht. Er setzt alles dafür ein, um dich wieder in Sicherheit zu bringen, damit du gut sein kannst.

ich habe so Angst

Ich habe so Angst vor Krankheiten!

Angst entsteht, weil wir uns bedroht fühlen und schlimme Dinge sehen. Angst lähmt. Man traut sich nicht mehr zu, etwas zu erforschen und etwas zu leisten. Der Mut fehlt, man fühlt sich in seinem Innern eingesperrt. Angst kann tödlich sein, wenn man vor ihr wegläuft und sich ihr nicht stellt. Sie packt wie ein großer Drache alles Gute und alle Kraft und damit alle Ich-Freude.

Trotzdem kann Angst auch gut sein. Sie zeigt dir eine Gefahr, der du dich stellen sollst. Du mußt sie überwinden, um etwas neu zu lernen.

Oft ist dies sehr schwer. Du schaffst es nicht allein. Da brauchst du Hilfe. Bei einer Krankheit kann das am besten natürlich der Arzt. Er weiß, was man dagegen tun kann. Deshalb sollst du ihm vertrauen und seinen Rat hören.

Aber es ist noch ein anderer Ich-Feind da, wenn du krank bist. Das ist die Angst vor dem Alleinsein, vor dem Anderssein. Sicher spürtest du das, als du einmal Fieber oder Bauchweh hattest. Du warst lustlos und matt. Deine Spielkameraden durften nicht zu dir. Du warst allein.

Gott, der diese Angst natürlich kennt, sagt dir etwas Wichtiges. „Fürchte dich nicht, ich rufe dich bei deinem Namen, mein bist du." Gott kennt dich. Er weiß, welche Angst du hast. Wenn es nötig ist, hilft er dir. Packe also diese Angst beim Namen und zeige ihr, daß du fähig bist, sie zu überwinden. Du hast jemanden, der dir zur Seite steht.

Warum bist du so heilig, lieber Gott?

„Ui, jetzt ist meine Faust aus der Hosentasche zu Max hin-
übergesprungen. Schon sitzt sie in seinem Gesicht. Es ist aus
mit unserer Freundschaft!" Oder „Sapperlot, jetzt habe ich
meinem Ärger einmal ordentlich Luft gemacht.! Soll doch
die Sabine wissen, was für eine blöde Kuh sie ist! Ich will
nichts mehr mit ihr zu tun haben!"
Merkst du, wie schnell eine Gemeinschaft zerstört wird? Da
genügt oft der kleine Ich-Feind Wut und schon ist es geschehen! Eine Freundschaft zerbricht.
Bei Gott zerbricht nichts. Er allein ist immer heil. Er allein
hat keine Fehler und Schwächen wie wir Menschen. Darum
nennen wir ihn heil und heilig. Gott möchte natürlich auch
von uns, daß wir heil sind. Das geht, wenn wir ihn in uns
haben und ihm vertrauen.

2. Wozu bin ich auf dieser Welt?

Lieber Gott – warum hast du mich erschaffen?

Sicher schaust du dir manchmal Fotos oder Videos an, die dich als Baby zeigen. Mama und Papa erinnern sich dann gemeinsam mit dir, wie groß du bei deiner Geburt gewesen bist, wie du ausgesehen hast, wann du den ersten Zahn bekommen hast und vieles mehr.

Frage sie doch einmal danach, was sie von dir alles wissen. Du wirst staunen, wie gut sie informiert sind über dich. Sie freuen sich über dich, weil du ihr Kind bist, wenn du aus ihrer Liebe gewachsen bist.

Genauso ist es Oma und Opa gegangen mit ihren Kindern, auch dem Uropa und der Uroma. Der allererste Vater und die allererste Mutter aller Menschen zugleich war Gott. Der Mensch, also auch du, ist ein sichtbares Zeichen der Liebe Gottes.

Und in der Bibel steht auch, daß Gott den Menschen als „Krone", als den Höhepunkt seiner Schöpfung gestaltet hat. Weißt du, wer eine Krone aufsetzen darf und wie kostbar eine Krone sein kann?

Derjenige, der eine Krone trägt, herrscht über andere, paßt auf andere auf und sorgt auch für sie. Gott gab dir also wichtige Aufgaben. Suche danach und führe sie aus!

Krone der SCHÖPFUNG

Lieber Gott! Der Rudi hat im Diktat immer eine Eins. Warum schaffe ich das nicht?

Als du klein warst, lerntest du spielerisch Dinge, die große Menschen nur schwer lernen. Sprechen, Malen, Farben benennen, Größen und Formen unterscheiden, zusammengehörige Stücke wie Puzzles ineinanderfügen und vieles andere mehr.

Du konntest das, weil du in dir etwas hast, was uns Menschen allein gehört: die Talente und die Fähigkeit zu denken. Talent heißt: Jeder kann etwas. Mit den Händen, mit dem Kopf, mit den Füßen oder mit seinem ganzen Körper. Der eine malt gerne, der andere rechnet gut. Einer kennt viele Tiere, der andere mag lieber am Computer arbeiten usw. Die Talente sind unterschiedlich verteilt. Manche Menschen haben mehr, manche weniger davon, doch eines ist sicher: Es gibt keinen Menschen, der ohne ein solches Talent ist.

Vielleicht ist Schreiben nicht deine Stärke. Dann kannst du etwas anderes. Laß deinen Kopf nicht hängen, wenn du dein Talent nicht auf Anhieb findest. Oft dauert die Suche danach jahrelang. Möglicherweise mußt du dabei viele Hindernisse überwinden. Doch es lohnt sich, damit du zufrieden wirst mit dir selbst.

Und noch etwas: Durch Übung und Fleiß werden viele winzig kleine, versteckte Talente zusätzlich aufgedeckt – ein Wunder, das die vielen Mühen am Schluß belohnt.

Lieber Gott, wie sieht meine Zukunft aus?

Schau doch einmal auf dich. Versuche, auf Anhieb alles auf-
zuzählen, was du bis jetzt gelernt hast und erfahren durftest.
Mach es ganz ausführlich, dann entdeckst du viel mehr, als
ich hier schreiben kann, weil es zuviele Seiten füllen würde.
Das ganze Leben ist wie ein Weg oder eine lange Straße.
Man kann und muß sie nicht auf einmal gehen. Links und
rechts, manchmal sogar mitten auf der Straße liegen Dinge,
die dich überraschen. Sie sehen vielleicht wie ein Hindernis
aus. Wenn du genau davorstehst, wirst du sie überwinden.
Es wäre denkbar, daß du alles auf einmal sehen möchtest. Da
nimmst du dir schon jetzt viel Freude vorweg. Es gibt viel
Neues gerade jetzt zu entdecken. Das macht Spaß und du
brauchst deine Gedanken, um dich damit näher zu befassen.
So lernst du und weißt mehr. Dein Wissen und deine Erfahrungen wachsen. Sorgloser und selbstbewußter gehst du nun
das nächste Stück Weg. Du hast ja einen großen Begleiter mit
dabei, der genau weiß, wie deine Zukunft aussieht. Vertraue
dich ihm an und überlasse dich seinem Plan. Er allein hat den
Überblick und weiß, was gut für dich ist. Er will, daß du all
das, was du auf dem Weg entdeckst, mit Freude siehst. Laß
dir deshalb Zeit, es zu entdecken!

Warum bin ich oft so böse?
Ich möchte gut sein!

Dazu möchte ich dir eine kleine Legende erzählen. Es ist die Geschichte von einem Engel, dem Erzengel Michael. Er hatte die Aufgabe von Gott, im Himmel das, was böse war zu trennen von dem, was gut ist.

Er sieht das Böse in einem großen Drachen. Er nimmt den Kampf mit ihm auf und tötet ihn. Doch in diesem Moment zersplittert der Drache in unzählbar viele kleine Stückchen, die auf die Erde fallen. So gelangen sie in die Herzen der Menschen.

Seitdem, heißt es, lebt der Drache in den Herzen der Menschen.

Das ist die Legende. Aber du spürst auch in dir und du siehst es auch bei anderen: Gut und Bös sind in jedem einzelnen von uns versteckt. Beides gehört zusammen und bildet, von Gott her gesehen, eine Einheit. Da staunst du, stimmt's?

Soll denn das Böse auch gut für uns sein? Schau doch einmal einen Drachen genau an! Er ist feurig, hat Temperament, viel Kraft und Energie. Er kann dich vorantreiben. Er kann dir Mut machen, dir helfen, dich durchzusetzen. Er kann dein Ich stärken. Er ist also notwendig, auch für dich.

Aber Vorsicht! Er kann auch gefährlich werden, wenn du ihn nicht zähmst. Dann tötet er das Gute in dir.

Darum mußt du den kleinen Drachen in dir gut kennenlernen. Zeichne ihn und beobachte ihn. Vielleicht schreibst du auch in dein Tagebuch, wenn du ihn spürst.

Lege ihn damit an die Leine und schau ihm ohne Furcht in die Augen. Das macht ihn ruhig und willig. Jetzt geht er mit dir auf Entdeckungsreise und hilft dir, Selbstvertrauen zu gewinnen.

Wieso gibt es so oft Gewalt auf dieser Welt? Es muß doch auch ohne Gewalt und Krieg gehen.

Wenn du das Böse nicht kennenlernst und nicht zähmst, wird es so mächtig, daß es alles andere unterdrücken will. Es gibt dann kein Miteinander der Menschen mehr, sondern nur ein Gegeneinander.

Überlege, du hast bestimmt schon oft an dir gespürt, wie schwierig es ist, das, was wirklich böse ist von dem, was gut ist, zu unterscheiden. Es kann nur dann gelingen, wenn wir Gott mithelfen und ihn in uns hineinschauen lassen. Er ist ja derjenige, der dich ganz genau kennt. Er sagt dir, was gut und böse ist.

Das wird oft vergessen und von den Menschen nicht befolgt. So kann es geschehen, daß die Menschen gar nicht mehr wissen, was gut und böse ist. Das beginnt im Kleinen und ist auch dir bestimmt schon oft passiert. Im Streit, als du mit der Faust zurückschlugst, als du den anderen beschimpft hast. Als du über ihn lachtest, weil er anders ist als du es möchtest. Das böse Wort über einen anderen, das aus deinem Mund kam, ohne daß du es vorher überlegt (gezähmt) hast.

Übe den Umgang mit dem, was ich dir vorher erklärte. So vermeidest du viele Kriege: im Pausenhof, im Klassenzimmer, bei deinen Freunden, in deiner Familie.

Versuche dann, anderen ein Beispiel zu geben. Fast alle Menschen sehnen sich nach dem, was du dir wünschst. Wenn viele kleine Leute viele kleine Schritte dazu tun, erwächst daraus ein Riesenschritt, der uns einem großen Ziel näherbringt.

Lieber Gott, warum läßt du den Krieg in der ganzen Welt weitergehen?

Sei einmal ganz ehrlich. Tust du immer das, was dir ein anderer sagt? Bestimmt nicht, denn du mußt von selbst lernen und Erfahrungen sammeln. Das ist wichtig für dich, damit du auf dich stolz sein kannst. Du brauchst dafür die Gewißheit, daß du von allein etwas schaffst.

Gott weiß das von uns Menschen. Er gab uns den Verstand, damit wir die Welt in Ordnung halten. Wir dürfen eigene Wege gehen, unseren eigenen Willen ausprobieren und aus eigenem Willen zu Gott zurückfinden. Er selbst ist immer da und will uns helfen.

Es gibt aber Menschen, die so selbständig sein wollen, daß sie sich ganz von Gott abwenden. Sie wählen das Böse und sind dann fähig, andere zu verletzen oder sogar zu töten. Gott verhindert nicht das Leid, er rettet durch das Leid hindurch und gibt uns ein wichtiges Versprechen: Irgendwann wird es eine Welt geben, die nur Liebe ist. Irgendwann wird er alles richten und mit seiner Allmacht verwandeln. Unser Vertrauen auf ihn, wenn wir es verlieren und sogar die Menschen, die alles kaputt machen.

Warum wurde Jesus ans Kreuz genagelt?

Wenn etwas furchtbar traurig und böse ist, wird alles um uns herum dunkel. Wir sehnen uns nach einem Lichtzeichen, das uns wieder Hoffnung bringt. Auch das sah Gott voraus. Er schickte uns Jesus, der durch ihn bereit war, sich für uns im Leid hinzugeben. Sein Tod am Kreuz ist für die Menschen wie die Nacht ohne Sterne.

Doch denke daran, was ich dir schon sagte: Gott rettet durch das Leid! Die Nacht, das war der Karfreitag. Sie endete, als das große Lichtzeichen der Allmacht Gottes wieder erschien. Jesus war 3 Tage später neu, ohne Schmerzen und ohne das, was die Welt verfinstert. Gottes Liebe ist stärker und kann alles letztlich wieder gut machen. Das sollte uns das Kreuz zeigen. Wäre Jesus nicht durch die Dunkelheit gegangen, könnten wir uns das alles gewiß nicht vorstellen.

Lieber Gott, gib der Welt Frieden!

Kinder in Südamerika, Asien und Afrika verhungern, gib ihnen Brot!

Das, was dich hier bedrängt, ist die Folge einer höchst unsinnigen und gefährlichen Aufteilung unserer Erde. Wir sprechen von einer westlichen, einer östlichen und der sogenannten „Dritten Welt". Sicher hast du davon schon gehört. Westliche und östliche Welt sind mächtig, sind führend in Technik und Wissenschaft und sind im Ganzen betrachtet reich.

Die Dritte Welt hingegen ist arm. Es fehlen Wasser, Nahrungsmittel, Arbeit, Ausbildung und vieles andere mehr. Wir müßten die Welt als Einheit sehen, teilen sie aber auf. Daraus entsteht dieses Elend, das dir hungernde und völlig entkräftete Menschen auf Fotos und Plakaten verdeutlichen. Gottes

Liebe teilen, so wie es Jesus mit seinem Brot zeigte, würde uns allen helfen. Auch die Menschen aus der dritten Welt hätten dann für uns etwas abzugeben: ein genügsameres Leben, Zufriedenheit und ein viel einfacheres Glücklichsein. Es käme uns und unserer Umwelt zugute.

Probiere das richtige Teilen einmal im Kleinen. Keine Angst! Du wirst dabei nichts verlieren. Wenn man Liebe teilt, wird sie nie weniger, sondern größer und mehr. Das soll dich ermuntern. Aus vielen kleinen Schritten wird ein Riesenschritt zu einem großen Ziel!

3.　Wo wohnst du, lieber Gott?

Lieber Gott, wo ist der Himmel, was ist der Himmel, wie sieht er aus?

Früher stellten sich die Menschen den Himmel einfach als den Ort vor, der über uns und unserer Erde ist. Heute können wir von unserer Erde mit Flugzeugen und Raketen in die Höhe steigen. Wir sehen, daß der Himmel noch nicht mit den Wolken zu Ende ist. Wenn die Sonne schön herunterstrahlt und die Wolken verschwunden sind, also bei klarem Wetter, kannst du am Himmel den Beginn des unendlichen Alls sehen.

Gott ist über diesem All, denn er ist der Herr des Alls. Wir nennen das all-mächtig. Gleichzeitig ist Gott ganz klein und spricht aus allen Lebewesen und allem, was zu deinem Leben gehört, zu dir.

Gott ist überall. Menschen, die das erfahren, sind schon im Himmel. Sie sind offen für ihn und nehmen ihn auf. Der Himmel ist neben dir, über dir und unter dir. Wenn er in dir ist, fühlst du dich stark, weil die Ich-Freunde in dir ganz groß sind. Du bist voller Kraft und Freude, sagst „das ist himmlisch" oder „das ist cool – super."

Sicher hast du das Gefühl schon einmal gehabt. Wenn Gott in allen Menschen wohnen dürfte, könnte der Himmel schon jetzt auf Erden sein!

Lieber Gott, kommt jemand, der nicht an dich glaubt, auch in den Himmel?

Wenn dir jemand weh tut, wirst du böse und versuchst, ihm aus dem Weg zu gehen. Du willst nichts mehr mit ihm zu tun haben und betrachtest ihn als deinen Gegner. Damit bestrafst du ihn und verstößt ihn gleichzeitig aus deiner Gemeinschaft.

Gott dagegen ist nur Liebe und deshalb ist jeder für ihn wichtig. Menschen können sich von ihm abwenden und viel Böses wachsen lassen, weil sie frei sind, doch er wartet und nimmt sie immer wieder auf.

Es kann sein, daß diejenigen, die von Gott weggegangen sind oder von ihm nichts mehr wissen wollen, entsetzlich darunter leiden, weil sie nicht mehr glücklich sein können. Das nennt man die Hölle. Sie ist der Ort auf der Welt, wo Menschen nicht mehr lieben können, weil Gott fehlt. Hölle ist also nicht irgendwo weit weg, sondern oft schon mitten in uns.

Bei Gott gibt es diese Hölle nicht. Spätestens dann, wenn sein Reich zu uns kommt, werden alle von ihm so mit seiner Liebe geheilt werden, daß sie in ihm sein können. Es gibt einen Namen für dieses Wunder: Weltgericht. Alle sind bei ihm im Himmel.

Bestrafst du Menschen, die böse sind?

Es ist schwer, Gott zu verstehen, weil er manchmal ganz anders ist als wir Menschen es vermuten. Wir wollen mit unserer Strafe dem anderen etwas zeigen. Er soll wissen und spüren, daß es nicht recht ist, wenn er uns wehtut. Doch damit wird unser Drache(!) leicht übermächtig. Du erlebst es, wenn du außer dir bist, weil dich jemand innerlich oder äußerlich verletzt und du dich deshalb an ihm rächen möchtest.

Jesus erzählt uns dazu eine wichtige Geschichte. Sie heißt „die verlorenen Söhne": Zwei recht unterschiedliche Söhne leben bei ihrem Vater, der sie mit allen zum Leben notwendigen Dingen versorgt. Einer von ihnen wird jedoch unzufrieden und verläßt sogar das Haus. Nach einiger Zeit merkt er, daß er alleine nicht mehr zurechtkommt und kehrt mit recht ungutem Gefühl zurück.

Doch statt des erwarteten Tadels schenkt ihm sein Vater einen Ring und feiert für ihn ein großes Wiedersehensfest. Der Ring soll seinem Sohn sagen: „Du darfst wieder ganz bei mir sein und alles ist wieder gut." Das Fest hingegen zeigt die Freude des Vaters über die Rückkehr des schon verloren geglaubten Sohnes.

Sein Bruder aber, der nicht weggelaufen und immer gut war, kann sich nicht freuen: Er versteht diese Liebe nicht. Warum bestraft der Vater meinen Bruder nicht und liebt mich umso mehr? Vielleicht würdest du an seiner Stelle dasselbe erwarten. Die Geschichte beschreibt nicht „einen verlorenen Sohn", sondern „die verlorenen Söhne"! Immer einer war gerade für die ganze Liebe Gottes nicht geöffnet und entfernte sich dadurch von ihm, ohne es zu merken. Gottes Liebe ist viel größer als unsere Liebe.

Hat es mein Opa ins Paradies geschafft?

Du hast gerade erlebt, wie jemand, der zu dir gehörte und dir vertraut war, gestorben ist. Vielleicht mußtest du sehen, daß Opa hilflos und krank war und sogar Schmerzen hatte. Jemand tröstete dich (vielleicht Opa selbst?), daß gar nichts mehr weh tut, wenn er im Himmel ist. Das ist vollkommen richtig. Deinem Opa fehlt nichts mehr, denn er ist dort, wo alles, was uns Menschen hilflos macht, endgültig zu Ende ist. Er lebt ganz in Gott weiter, was wir Menschen als ewiges Leben bezeichnen.

Um das noch besser zu verstehen, gibt uns Gott mit Jesus wichtige Hilfen. Du findest sie in der Bibel und zwar im Neuen Testament. Immer wieder wird da nämlich berichtet, wie Jesus stärker ist als all das, was uns Menschen bedroht. Er ist sogar stärker als der Tod!

Den Grund dafür findest du in der Bibel im Evangelium nach Johannes.

Da war ein Mann namens Lazarus ganz schwer krank. Dieser Lazarus war ein guter Freund Jesu. Deshalb war Jesus sehr besorgt, als er davon hörte. Trotzdem eilte er nicht sofort zu ihm – die anderen Menschen um ihn brauchten ihn ja so dringend – sondern blieb noch zwei Tage an dem Ort, wo er gerade war. Dann brach er auf, um seinen Freund zu besuchen.

Auf dem Weg dorthin unterhielt er sich mit seinen Gefährten über Lazarus. Jesus sagte „Lazarus schläft". Die Freunde dachten, Lazarus sei wieder gesund, doch Jesus erklärte „Als ich sagte, daß er schläft, meinte ich, daß er gestorben ist. Der Tod ist wie ein Schlaf. Ich werde jetzt gehen und Lazarus auferwecken. Ich bin die Auferstehung und das Leben. Wer an mich glaubt, wird leben, auch wenn er stirbt."

Lazarus lag schon im Felsengrab, als Jesus ankam. Gemeinsam mit allen Freunden und Verwandten ging er deshalb dorthin, ließ das Grab öffnen und…

Lazarus war nicht tot, er lebte!

Alle um ihn herum begriffen, was Jesus mit seinen Worten beschrieben hatte.

Genauso ist es mit Opa. Er lebt ewig. Besuch ihn dort, wo er jetzt ist. Nimm Blumen mit und zünde eine Kerze für ihn an. Du zeigst nämlich damit, daß du verstehst, wo er ist. Das Kreuz, das du an seinem Grab siehst, erinnert dich an das, was Jesus bei Lazarus sagte.

Lieber Gott! Warum hast du die Mama von Markus sterben lassen? Laß mich sehr alt und nie schlimm krank werden!

Wenn jemand stirbt, den man liebte, tut das sehr, sehr weh. Es wird kalt und leer, weil er fehlt. Man zieht sich zurück. Genauso geht es uns, wenn wir Menschen leiden sehen oder uns selbst etwas weh tut, was wir nicht genau kennen und nur erahnen können. Ich weiß das genau wie du und möchte dir noch einmal mit Jesus Mut machen, gerade deswegen an Gott zu glauben. Durch ihn allein erhält unser ganzes Leben Sinn. Der Tod ist nicht mehr mächtig. Gott brauchte einen Menschen, der uns das sichtbar vor Augen führte: Jesus.

Dieser Jesus gab uns außer seinem Kreuz, das wir Christen immer anschauen sollen, einen weiteren Hinweis, deine Frage besser zu beantworten. Mit seinen Jüngern ging er an einem Weizenfeld vorbei, riß eine Ähre ab und sagte: „Ich bin das Weizenkorn".

Besorge dir ein solches Getreidekorn und öffne es vorsichtig. Die Schale, das Korn, fühlt sich hart an, sie ist fest verschlossen. Darunter verbirgt sich ein winziger Keim, der diese Schale sprengt, sobald er in die Erde gelegt wird. Neues Leben kommt hervor, geht auf und faßt Wurzeln. Es wächst ans Licht und zeigt, wie aus Altem etwas völlig Neues wird. Im Leben geht nichts verloren. Du kannst das an deinem Korn beobachten und bewundern!

Denk dann wieder an Jesus. Nach seinem Tod lebte er weiter und gab uns Kraft, mit ihm zu gehen! Gerade durch den Tod und sein neues Leben wurde die Gotteskraft über die ganze Welt getragen.

Wenn nun dich etwas ganz stark bedrückt, bist du auch ge-

rade ein Weizenkorn. Leer oder ganz voll, bis das Äußere zerplatzt und das Innere herauswächst. Langsam vergeht dabei das Leid. Gottes Liebe wird für dich durch alle Wolken hindurch wieder sichtbar.

Du willst jetzt natürlich wissen, was da bei dir herauskommt, wenn das Äußere wegfällt. Es ist die Seele. Du kannst sie weder malen, noch greifen oder sehen. Aber du bist fähig, sie zu spüren! Laß den Wind einmal um deine Nase streicheln, hör einmal Musik, die dich zum Träumen bringt, entspann dich auf einer schönen Wiese, sei ganz einfach einmal glücklich! Such die Nähe von jemandem, den du sehr lieb hast. Umarme ihn, kuschle dich an ihn und fühle seine Wärme! Was du dabei empfindest – das ist deine Seele. Wenn sie krank ist, wird auch der Mensch krank, oft sogar äußerlich; so wichtig ist diese Seele für uns. Sie ist es, die bleibt und ganz zu Gott gehört. Weil wir mit ihr seine Liebe in uns aufnehmen, wird all das, was wir lieben, wieder einmal bei uns sein.

Markus und seine Mama sind in der Jetztzeit äußerlich getrennt. Innerlich und in der Zukunft gehören sie durch ihre Liebe zusammen.

Nimm dir öfters Zeit und Ruhe, in dich hinein und auf deine Seele zu hören! Vor allem: Habe keine Angst! Sie ist unnötig und nimmt dir den Mut. Zukunft ist bei Gott. Was jetzt geschieht, ist wichtig für dich.

Wann kommst du wieder zurück?

Schau dich einmal im Frühjahr draußen in der Natur um. Das, was im Winter wie tot und abgestorben wirkte, blüht wieder neu. Aus dem, was vergangen ist, entsteht das Neue, das oft ganz anders aussieht als das, was vorher war.

Sehr schön zu beobachten ist das an einem Schmetterling! Er war vorher eine Raupe, dann eine Puppe und jetzt...? Jetzt ist er derselbe und doch nicht derselbe, aber er ist es! Er ist verwandelt, weil nichts, was einmal war, verlorengeht.

Gott versprach, daß alles einmal neu gemacht wird durch seine Liebe. Alle Menschen und all das, was zu ihnen gehörte, wird dann verwandelt sein. Damit ist dann Gott wieder ganz bei uns. Wann das ist, kann ich dir freilich nicht sagen. Das weiß nur Gott allein!

Kommt mein Hund in den Himmel?

Dein Hund war wohl ein ganz besonderer Kamerad, stimmt's? Er bellte, wenn du nach Hause kamst, war traurig und beleidigt, wenn du fort mußtest und wedelte mit dem Schwanz, als du mit ihm spieltest. Manchmal, wenn du dich ganz allein fühltest, tröstete er dich, kuschelte sich an dich heran, so, daß du seinen Herzschlag hörtest und leckte dich dabei ab.
Natürlich tat er das nur, wenn Mama und Papa dabei wegschauten. Er war ja so gescheit! Deshalb erzähltest du ihm auch das, was du vor anderen geheimhalten wolltest. Er verstand es, denn er blickte dich aus seinen Augen treuherzig an und kratzte dich dann mit seiner Pfote. Umgekehrt wußtest du, wenn ihm etwas fehlte oder wenn er krank war. Du brachtest ihn zum Tierarzt und freutest dich, wenn es ihm wieder gut ging. Du und er, ihr seid ein Paar gewesen, ein Herz und eine Seele, denn ihr hattet euch echt lieb.
Das, was hier auf der Erde ganz echt für dich ist, und was echt zu dir gehört, wird auch immer mit dir zusammensein. Du wirst es im Himmel wiederhaben. Ich bin ganz zuversichtlich. Dein Hund ist im Himmel!

Kommt mein
Hund in den
Himmel?

4. Ich möchte dich so gern sehen, lieber Gott!

Lieber Gott, möchtest du auf dieser Welt sein?

Denkst du dir auch manchmal, daß das, was du um dich herum hörst und siehst, gar nicht toll ist? Machst du dir öfter Gedanken über all das Traurige, das Menschen tun? Du beginnst zu zweifeln, daß alles in guten Händen ist und kommst dann auf diese Frage. Auch das gehört zu dir wie zu allen anderen Menschen.

Auch das sieht Gott. Und weil er weiß, was Menschen tun können, schickte er uns sogar einen Menschen, aus dem er ganz sprechen konnte, weil dieser Mensch ganz in Gott war. Das war Jesus, das heißt „Gott hilft". Dieser Jesus war genauso Mensch wie du. Er wurde geboren wie du. Er mußte groß werden und lernen wie du und hat dabei bestimmt manchmal den Eltern einen Streich gespielt wie du. Er hatte Freunde, aber auch Feinde wie du. Er sah genau das, was auf dieser Welt schlimm ist.

Tief in ihm aber war Gott. Gott, der ja alle Menschen liebte und sie froh machen wollte. Deshalb zog er los, um ihnen zu erzählen, wie lieb Gott sie hatte. Das war nicht leicht für ihn. Man glaubte damals zum Beispiel, daß Kranke deshalb krank waren, weil sie etwas Böses getan hatten. Oft mußten sie sogar von den anderen getrennt leben.

Ganz schlimm war es, wenn jemand eine Sünde begangen hatte und die damals sehr strengen Gesetze brach. Er wurde von den Menschen, die ohne Fehler zu sein glaubten, bestraft und ausgestoßen.

Sicher kannst du dir vorstellen, was das bedeutete. Krank sein ist schlimm genug, einen Fehler zu begehen und zu sehen ist eine Last. Dazu noch aus der Gemeinschaft herausgerissen werden und spüren, daß man schlecht ist! Ein Stein nach dem anderen fällt da in das Innere des Herzens und versperrt die Tür zu Gott und den Menschen. Dadurch fehlen aber die Gotteskraft und die Miteinanderkraft.

Hilfe ist notwendig und genau die brachte Jesus. Er heilte die Menschen innerlich und äußerlich. Er teilte ihnen mit, daß Gott auf sie wartete und wie wichtig sie für ihn waren. Das nennt man Erbarmen.

Jesus sprach von einem Gott des Lebens und keinem Gott der Gesetze, von einem Gott, der nur Liebe ist. Damit wollte er gleichzeitig alle Menschen auffordern, in Frieden miteinander zu leben, miteinander zu teilen und jeden zu achten. Weil das aber vielen gar nicht paßte, alle Menschen lieben zu müssen, beschlossen sie, Jesus zu töten.

Wieso hängt über dem Altar ein Kreuz?

Wenn dir jemand etwas Böses tut, gehst du ihm aus dem Weg und meidest ihn. Du kannst ihn nicht leiden, weil du ihm nicht verzeihst.

Jesus konnte alle Menschen leiden. Er wollte sogar denen alles verzeihen, die ihm Böses antaten. So lief er nicht weg, als er hörte, was man ihm vorwarf. Er nahm alles auf sich, um Gottes grenzenlose Liebe zu beweisen. Keiner sollte mehr daran zweifeln! So opferte er sich für uns Menschen am Kreuz. Kurz vor seinem Tod feierte er mit seinen engsten Freunden noch ein gemeinsames Mahl, das Letzte Abendmahl. Er aß und trank mit ihnen.

Dabei tat er etwas, was die Jünger vielleicht ein wenig verwunderte. Er nahm ein Brot, segnete es und brach es mit den Worten: „Nehmet und esset, das ist mein Leib. Tut dies zu meinem Gedächtnis." In gleicher Weise hob er einen Kelch mit Wein und sagte: „Nehmet und trinket, das ist mein Blut, das für euch vergossen wird." Dann ging er hinaus und stellte sich seinen Feinden. Was dann kam, hast du bestimmt schon gehört – Jesus starb am Kreuz und keiner half ihm.

Drei Tage später geschah das Wunder. Jesus lebte neu! Als die Jünger das erfuhren, gingen ihnen die Augen auf: Gott verhindert nicht, daß die Menschen leiden, auch wenn es weh tut. Jesus gab uns mit dem Kostbarsten, was ein Mensch hat, seinem Leben, das neue Leben in Gott. Sie spürten dabei: Jesus war wirklich da, wenn sie sein Brot aßen und seinen Wein tranken.

Heute wird dieses Mahl in einer Kirche gefeiert. Es heißt Eucharistie und bedeutet Danksagung. Der Altar in der Mitte ist der Tisch. Darüber hängt das Kreuz. Jesus breitet seine Arme weit aus – so daß er Alle damit umarmt!

Warum ist das Kreuz ein heiliges Zeichen?

Suche in deiner Spielkiste oder in deinem Geheimfach das für dich Wertvollste heraus. Ist es der bunte Stein aus der Mineraliensammlung oder das Kuscheltier, das du schon als Baby hattest? Du würdest es nie hergeben. Es gehört zu dir, weil du von ihm so viel weißt. Umgekehrt weiß es viel von dir.

Viele Menschen besitzen etwas, was anderen gar nicht wertvoll erscheint. Trotzdem lieben sie es und bewahren es sorgfältig.

Als Jesus neu lebte, wußten die Menschen um ihn herum auf einmal: Das Kreuz, an dem er starb, konnte ihnen viel erzählen. Betrachte es einmal genau! Es besteht aus zwei Teilen. Ein Teil geht nach oben und nach unten. Unten ist das, was uns schwerfällt. Angst, Sorgen und Kummer lassen dein Gesicht und auch dich selbst nach unten schauen. Du bist niedergedrückt oder niedergeschlagen. Von unten geht es nach oben. Oben ist der Himmel. Du siehst die Wolken, die strahlende Sonne, die Vögel und kannst dich freuen. Ganz oben wartet der, der dich führt. Er ist viel stärker als das, was unten liegt. Er ist die Gutgehekraft und die Lebenskraft. Das Oben und das Unten wird vom zweiten Teil des Kreuzes gehalten.

Strecke deine Arme aus. Links und rechts triffst du andere Menschen, die miteinander gehen sollen. Wenn alle sich die Hände reichen, könnten sie eine starke Kette um die große Weltkugel bilden. Wie eine Kette, die alles zusammenhält, breitet Jesus seine Arme aus. Er gibt allen Menschen seine Miteinanderkraft. Du kannst in seine geöffneten Arme hineinlaufen. Gottes Liebe ist weit, hoch und tief.

Weil Jesus das Kreuz auf sich genommen hatte, konnten die Menschen Mut und Hoffnung fassen. Das Kreuz sagte ihnen, worauf es ankam. So wurde es als heiliges Zeichen an vielen Orten aufgestellt.

Lieber Gott! Warum sehen wir überall Kreuze?

Du findest Kreuze in der Kirche: die Kirche ist die Gemeinschaft um Jesus. Auf dem Kirchturm: unter dem Kreuz befindet sich oft eine Kugel. Sie ist die Weltkugel. Gott ist der Herr über die Welt und das All.

Auf dem Berggipfel: wenn du unten stehst, kommst du dir klein und winzig vor.Nach einem oft mühsamen Weg siehst du weit hinaus. Du bist dem Himmel ein wenig näher. Gleichzeitig ahnst du, wie groß alles ist. Der Berggipfel ist wie eine Verbindung zwischen Himmel und Erde.

Am Weg: Wegkreuze erinnern an Unfälle. Gott ist Herr über Leben und Tod. Manchmal sollen hier auch merkwürdige Dinge geschehen sein. Nicht alles können wir beweisen. Wir sollen es glauben und nachdenken.

Außerdem sagt Jesus einmal: „Ich bin der Weg". Jeder Weg mit Jesus ist richtig. Am Friedhof: Jesus ist die Auferstehung. Das Kreuz ist das Zeichen für das ewige Leben in Gott. Es ist ein Lebenszeichen.

In der Wohnung: Wenn man jemanden lieb hat, möchte man ihn bei sich haben. Er soll mit uns unter einem Dach wohnen.

Im Klassenzimmer: Hier sind viele Kinder, die mit dir lernen sollen. Ihr alle seid eine Gemeinschaft. Die Miteinanderkraft verbindet euch. Wenn du Sorgen hast, kannst du sie Gott übergeben. Mit der Gutgehekraft kannst du viel lernen.

Als Schmuckstück: Menschen, die ein Kreuz um den Hals tragen, zeigen, wie sie zu Jesus gehören. Er ist für sie den ganzen Tag über ein wichtiger Begleiter.

Über viele dieser Kreuze hat der Priester Gottes Segen ausgesprochen. Sie sind in den Schutz Gottes gestellt worden.

Wie viele Heilige gibt es?

Vielleicht hast du gerade ein Heiligenbuch gelesen oder daraus eine Geschichte gehört. Du bewunderst diese Menschen, die wie Helden etwas auf sich nahmen, was du fürchtest und nicht fertigbringst. Oder weißt du schon, daß du den Namen eines Heiligen trägst, der ein Vorbild sein soll und kannst dir das nicht vorstellen?

Nun, erinnere dich an das Wort heil, dann wird es leichter. Heil ist das Gegenteil von kaputt. Gott macht alles heil. Das begreift man dann, wenn man fest an Gott glaubt und vertraut. Es ist nicht immer leicht, aber es geht.

Laß dir einmal die Geschichte des Heiligen Franz von Assisi vorlesen. Der war nicht von Anfang an heil. Erst eine schwere Krankheit ließ ihn nachdenken und zu Gott finden. Auf diese Weise wurde er heil, so heil, daß er mit allem, was ihn umgab, redete (lies noch einmal die Frage: Wie gern hast du mich!). Alles, was lebte, war mit ihm verbunden. Nichts konnte ihm mehr feind sein. Stell dir vor, wie er mit den Vögeln sprach, mit dem Wolf, mit dem Feuer, dem Mond, der Sonne!

Da möchtest du wohl auch gern heil sein? Das geht! Entdecke das, was in dir steckt. Tu das, was möglich ist für dich. Vertraue auf den, der dich hält und sei dabei mutig! Du wirst staunen, wieviele Menschen dir dabei begegnen, die dir helfen und Vorbild sein können. Auch diese Menschen sind heil, freilich nicht so berühmt wie in deinem Buch oder wie dein Namenspatron. Schau dich einmal selbst um und zähle…!

Ist das, was in der Bibel steht, auch wahr?

Die Fragen, die du in diesem Buch liest, sind Fragen von über 200 Kindern. Sicher sind auch viele von dir dabei, obwohl ich dich nicht darum bat, sie für mich aufzuschreiben. Trotzdem kenne ich sie und kann mir vorstellen, was in deinem Kopf vorgeht. Es gibt nämlich etwas, was die Menschen gemeinsam tun. Sie fragen alle: „Warum, wozu, wodurch, wohin?" Gott, den ich dir beschreibe, gibt die Antwort darauf.

Es ist nicht immer leicht, all das, was man sieht und fühlt, auch aufzuschreiben. Weil es jedoch für die Menschen wichtig ist, tat man es trotzdem und sammelte alles in der „Bibel". Übersetzt bedeutet dieses Wort: das Buch. In diesem Buch stehen also Erlebnisse der Menschen mit Gott. Sie sind wahr und sollen uns viel von ihm erzählen.

Um sie zu verstehen, mußt du wissen, was glauben ist. Glauben ist viel mehr als schwierige Dinge zu erforschen oder sie schon kennen. Glauben bedeutet sich festmachen in Gott. Es ist so, als ob man in ein weites geheimnisvolles Land hinausfährt und Gott dabei ganz fest die Hand gibt.

Unter uns gesagt, lieber Gott: Ich verstehe vieles nicht, wenn uns der Pfarrer aus der Bibel vorliest.

Die Bibel ist ein besonders wichtiges Buch und wird für viele Menschen gedruckt. Es gibt Bibeln für große Leute, Bibeln für kleine Leute, einige sind sehr teuer, die anderen für recht wenig Geld zu haben. Der Pfarrer hat vielleicht eine Bibel für große Leute, weil er ja groß und erwachsen ist.

Du kannst es dir leichter machen. Besorge dir eine Kinderbibel oder höre bei der nächsten Vorlesestunde nur auf einen Satz oder ein Wort, das dir wichtig erscheint oder das an der Tafel steht. Ein Wort ist nämlich viel mehr als nur ein paar zusammengesetzte Buchstaben.

Zeichne einmal eine Tür. Überlege dabei: Die Tür trennt einen Raum von einem anderen. Wenn du sie zumachst, bist du entweder im Raum oder außerhalb des Raumes im Freien, bist also entweder eingesperrt oder frei. Im Raum kann es zunächst lustig und fröhlich sein. Allmählich willst du aber hinaus, weil du das Gefühl hast, man sperrt dich ein. Du bekommst Platzangst, der Hals schnürt sich zu, die Luft wird schwül und erdrückend. Du willst die Tür öffnen und bist verzweifelt, wenn sie geschlossen ist. Was wäre, wenn es keine Tür gäbe?

In der Bibel sagt Jesus: „Ich bin die Tür." Ein Wort steht da und soviel mehr ist gemeint!

Ein anderes Beispiel: Das Wort Weg. Ein Weg verbindet zwei Orte miteinander und du mußt ihn gehen, um von dem einen zum anderen zu gelangen. Wege sind gerade, krumm, manchmal schwer zu gehen. Sie sind manchmal ohne Aussicht oder hell erleuchtet. Es gibt Einbahnstraßen, Sackgassen, Schnellstraßen, Umwege, versperrte Wege, ungangbare Wege. Wenn du aber weißt, daß Jesus von Gott ist und wieder zu Gott geht, verstehst du auch, wenn er sich als „Weg" bezeichnet. Mit Jesus gehen heißt zu Gott gehen. Alle Wege, die mit Jesus dorthin führen, besitzen dann den Straßennamen „Gottesweg" oder „Weg zu Gott".

Versuche selbst einmal, einige Wörter zu erklären. Wie wäre es mit „Vater" oder „Hirte"? Trau dich nur, alles zu sammeln, was dir dazu einfällt. Es ist sicher eine Menge!

Jetzt stell dir vor, was „Gott" für dich ist und dir sagen kann. Schon ahnst du, was die Menschen dachten, als sie das Wort aufschrieben oder das, was mit ihnen gerade geschah. Gleichzeitig bist du aber auch dabei, zu entdecken, daß das, was in der Bibel steht, mit dir selbst zu tun hat. Und damit öffnest du der Wahrheit die Tür!

Lieber Gott! Gibt es Engel?
Habe ich einen Schutzengel?

Manchmal ist der, dem man etwas Wichtiges sagen will, nicht erreichbar. Deshalb gibt es Boten, die eine Nachricht überbringen. Engel sind Boten Gottes. Er schuf diese Wesen, um uns über seine Engel zu benachrichtigen.

Einige dieser Engel kennen wir mit Namen. Einen davon nannte ich dir bereits – den Heiligen Michael. Michael bedeutet „Wer ist wie Gott?" Er ermahnt uns, Gott allein als Vater und Herrn zu sehen, er allein soll für uns entscheiden, was gut und böse ist. Michael ist der Streiter Gottes, der Sieger über das Böse. Er trägt ein Schwert in der Hand. Gleichzeitig ist er einer der vier großen Engel neben Raphael, Gabriel und Uriel, dem Schöpfungsengel.

Den Namen Raphael findest du im Alten Testament. Dort begleitet er den jungen Tobias auf einem weiten und langen Weg. Er hilft ihm, Medizin für Tobit, das ist Tobias' blinder alter Vater, zu finden. Raphael führt Tobias so, daß er sicher und glücklich nach Hause zurückkommt. Raphaels Name heißt „Gott ist Arzt". Gott heilt und macht gesund.

Gabriel ist dir vielleicht bekannt. Von ihm wird in der Weihnachtszeit viel gesprochen und gesungen. Gabriel überbringt einer jungen Frau, der Maria, die Botschaft Gottes. Sie soll Mutter Gottes werden. Gabriel sagt: Gott ist mächtig. Er wird ganz klein und ist in Wirklichkeit so groß.

Wenn du Lust hast, noch mehr über Engel zu erfahren: Immer wieder begegnen sie uns in der Bibel. Sie sind ganz einfach da, um für Gott etwas zu tun, was für Menschen von großer Bedeutung ist.

„Fürchtet euch nicht. Ich verkünde euch eine große Freude.

Heute ist euch der Heiland geboren." Erinnerst du dich an das Krippenspiel, als der Engel das rief? „Fürchte dich nicht, …" – setze deinen Namen ein – will dir dein Engel, dein Schutzengel sagen. Gott führt auch dich. Dazu braucht er manchmal deinen Schutzengel: Das ist der Engel, der auf dich aufpaßt.

Woher kommen die Engel?

Lieber Gott

Warum haben die Engel Flügel?

Engel können überall sein. Sie müssen ja überall etwas für Gott tun. So kann es sein, daß du plötzlich einen Engel vor dir hast. Er spricht aus einem Menschen, einer Blume oder einem Tier zu dir. Auf einmal spürst du: Das kommt von Gott. Das muß ein Engel sein.

Flügel haben bedeutet überall sein können. Mit Flügeln kannst du fliegen. Zu Gott, zu den Menschen, nach oben, nach unten, durch das All, durch die Zeit.

Flügel können aber auch das Wertvollste beschützen. Schau dir eine Vogelmutter an. Sie breitet ihre Flügel über die Jungen. Kein Feind soll den Kleinen zu nahe kommen. Keine Kälte soll sie erfrieren lassen. Engel zeigen dir mit ihren Flügeln: Sie beschützen dich Tag und Nacht, ein ganzes Leben lang.

Zum Bild „Der gschlamperte Engel"

Einen merkwürdigen Engel hat ein Kind für dich gezeichnet. Das Original, eine Statue, steht in einer schönen Wallfahrtskirche in Bayern. Er wird der „gschlamperte Engel" genannt. „Gschlampert" bedeutet unordentlich oder unpassend angezogen. Der Engel tut sogar etwas Verbotenes, schau dir seine Finger an!

Sei einmal ehrlich. Ganz schnell im Pausenhof dem Peter den Vogel zeigen, weil er es verdient. Kommt dir das nicht bekannt vor? Dann schau auf die Flügel! Maikäferflügel, dicke Maikäferflügel sind es. Keine edlen, schönen Schwanenflügel! Trotzdem sind es Flügel mit Aufgaben. Gott schaut nicht auf das Äußere, er schaut in dein Herz.

Vielleicht lacht er, weil er einen Lausbuben vor sich hat!

Der Schlampige Engel

Lieber Gott!
Ich danke dir für das, was du mir gabst!
Ich bitte dich, daß es den Armen so gut geht
wie mir!

Mit diesen zwei Sätzen tust du etwas Wichtiges für dich und Gott. Du betest. Beten heißt, mit Gott reden und ihn in das Innere hineinschauen lassen. Dadurch gibst du ihm Gelegenheit, dir zu helfen.

Trau dich nur, ihm alles Schöne, aber auch Trauriges zu sagen. Das ist unheimlich wichtig für dich. Gott nimmt dann alles in seine Hand und gibt es dir mit seiner Gutgehekraft wieder. Manchmal schenkt er dir dazu einen wertvollen Rat.

Wenn du schreibst, den Armen solle es so gut gehen wie dir, erinnere dich an das Teilen. Gott braucht dich, damit es anderen Menschen gut geht.

Und was soll ich tun, wenn mir beim Beten nichts einfällt?

Manchmal sitzt hinten im Hals ein dicker Kloß, der kein Wort in den Mund hineinläßt. Es ist möglich, daß du gerade traurig bist oder Angst hast.

Es kann aber auch sein, daß du Gott nicht mehr nahe bist. Versuche, den Grund selbst zu finden. Nimm dir Zeit und viel Ruhe. Laß dich nicht hetzen dabei. Gott kann warten. Ein kurzer Satz genügt. Es ist der Anfang eines Gebetes, das Jesus uns selbst lehrte. Vater unser. Sprich es ganz langsam, Wort für Wort. Vater: Gott ist der Vater aller Menschen. Er sorgt für dich und hat dich lieb. Genauso hat er deine Mama lieb, deinen Papa und deine Geschwister, auch wenn sie dich manchmal ärgern. Er hat alle Menschen lieb.

Einigen davon könntest du im Namen Gottes selbst helfen. Vater unser: Gott hat alles erschaffen, alles Leben um dich herum. Die Sonne, den Wind, das Wasser, die Blumen, die Tiere, die Menschen. Alles, was wir haben, gehört ihm. Wir gehören zusammen, weil er der große Vater ist.

Überlege selbst! Ein Wort kann alles sagen! Das letzte Wort eines jeden Gebetes ist das Amen. Amen heißt festmachen. Mit dem Amen hältst du Gott fest. Du sagst: Es gibt dich, lieber Gott. Ich glaube an dich, lieber Gott. Amen ist selbst schon ein ganz wichtiges Gebet. Das Wort kannst du dir gewiß leicht merken!

5. Warum gibt es Kirchen?

Lieber Gott, warum gibt es eine Kirche?

Jesu Leiden und Tod jagte den Menschen, die dabei waren, schreckliche Angst ein. Besonders seine Freunde fühlten sich wie gelähmt und trauten sich nicht mehr hinaus. Sie zogen sich deshalb in ein Haus zurück, versperrten alle Türen und fanden keinen Mut, weiter von Gott zu erzählen. Die Angst schnürte ihnen die Kehle zu. Schließlich verschloß sie auch die Tür zu Gott wie eine dicke Mauer.

Da, endlich, schickte er Hilfe: den Heiligen Geist. Er ließ die Jünger innerlich spüren, wie Jesus auf neue Weise ganz nahe war. Ihre Freudekraft und ihre Lebenskraft waren wieder da. So gingen sie hinaus und erzählten allen Wartenden von der Liebe Gottes, die Jesus am Kreuz gezeigt hatte.

Die Menschen waren davon begeistert. Auch sie wollten die Lebenskraft in sich haben wie die Jünger. Deshalb baten sie um die Taufe, das sichtbare Zeichen der Gemeinschaft mit Jesus. Die Kirche, das heißt… „Wir gehören zu Gott und glauben an ihn", war entstanden.

Weil man aber schnell etwas vergißt, was man nicht immer wieder neu vor Augen hat, trafen sich die Menschen regelmäßig an bestimmten Treffpunkten.Schließlich baute man Häuser und nannte sie wie ihre Gemeinschaft „Kirche".

Warum soll ich in die Kirche gehen, wenn ich es zu Hause gemütlicher habe?

Sonntags oder an den Feiertagen rufen dich die Glocken und laden dich zum Gottesdienst ein. Durch den Priester läßt Jesus uns sagen, daß er bei uns ist. Weil uns manches wie ein Stein auf dem Herzen liegt und die Tür zu Gott vielleicht gerade nicht offen ist, bitten wir dann Jesus um sein Erbarmen. Er soll uns seine Verzeihenskraft schenken. Daraufhin hören wir eine Geschichte von Gott und den Menschen. Der Priester erklärt sie uns. Er hilft uns, Gott zu verstehen. Wenn du schon so weit bist, daß du Gott fest vertraust, stehst du anschließend auf und sprichst laut mit „Ich glaube"!

Nachher darfst auch du Gott etwas von dir geben. Beobachte einmal: Brot und Wein werden an den Tisch gebracht. Damit sollst du dich ihm schenken, so wie er sich uns schenkt. Ein Tischgebet, das Vater Unser, wird gesprochen. Anschließend zeigt der Priester allen Jesus im Brot und im Wein. Die Menschen nehmen ihn auf, um mit dieser Gutgehekraft weiterzuleben. Dazu erhalten sie Gottes Segen mit dem Kreuzzeichen. Die ganze Feier wird Messe genannt. Alle, die dabei waren, sollen Gottes Nähe und Kraft weitergeben.

Wenn du nun fragst, ob du es zu Hause nicht gemütlicher hast, überlege zuerst einmal, ob du das zu Hause auch feierst, was du in der Kirche tun sollst. Sicher nicht, stimmt's? Da läuft gerade ein Trickfilm oder ein Club im Fernsehen, der dich interessiert. Da wartet das Fußballtraining oder auch ganz einfach das Bett... Das kann durchaus schön sein, da gebe ich dir recht. Doch wie kannst du etwas (und noch vieles mehr...) verstehen, wenn du es nicht tust? Kein Mensch lernt ohne Tun, auch du nicht!

Was bedeutet das Wort Sakrament?

Wenn du jemanden besonders gern hast, willst du ihm das auch zeigen. Er soll es spüren, dieses Ich-mag-dich-gern! Du bastelst etwas Hübsches, malst vielleicht ein Bild oder denkst dir einfach etwas aus, was den anderen freut. Dein Geschenk ist dann mehr als man von außen sieht. Darin eingepackt sind deine Mühe, deine Gedanken und Gefühle.

Toll wird es, wenn derjenige, dem du das Geschenk überreichst, das sieht und dir auf dein „ Ich-mag-dich-gern" antwortet.

In der Kirche gibt es einige solcher ganz wichtiger Geschenke Gottes, die du von außen und innen anschauen sollst: die Sakramente. Bei drei Sakramenten helfe ich dir gleich beim Auspacken.

Warum ist Robert aus unserer Klasse nicht getauft?

Durch die Taufe wirst du in die Gemeinschaft Kirche aufgenommen. Zur Taufe gehören das Wasser, die Hände, die dich tragen und berühren, die Kerze, das Kreuz und dein Name. Und jetzt denke einmal über die Bedeutung des Wassers nach. Ohne Wasser gibt es kein Leben, jede Pflanze verdurstet, du trinkst es, weil du es brauchst. Und wie herrlich ist es, im Wasser zu schwimmen! Du legst dich darauf, läßt dich tragen, bist ganz leicht, kannst jeden im Wasser hochheben! Wasser brauchst du, um sauber zu bleiben. Du kannst sogar krank werden, wenn du dich nicht damit wäschst…
Gott ist wie Wasser. Er trägt dich und du tauchst in der Taufe ganz in seine ewige Liebe ein!
Dann das Licht: Ohne Licht ist es immer Nacht, nichts wächst ohne Licht, du tust dir weh, wenn es dunkel ist, weil du nichts siehst, du fürchtest dich. Jesus sagt: „Ich bin das Licht!"
Das Kreuz und die Hände: Gott ist dir immer nah, er spricht zu dir aus allem…
Das weiße Kleid: Weiß bedeutet neusein. Wenn du in Gott bist, wirst du neu.
Schließlich der Name: Gott ruft dich bei deinem Namen – er kennt dich von innen und von außen. Das alles sind nur ein paar Hilfen für deine inneren Augen. Taufe ist also etwas ganz Wichtiges! Deine Eltern und dein Pate wußten es und entschieden sich deshalb, dich schon zu Beginn deines Lebens Gott sichtbar anzuvertrauen. Wenn Robert nicht getauft ist, kann er diese Entscheidung vielleicht selbst einmal treffen. Mit der Taufe übernimmst du nämlich auch Pflichten und Aufgaben für die Kirche.

Was ist Kommunion für dich?

Frage deinen Papa, ob er der Mama schon einmal Rosen schenkte. Sicher erinnert er sich gerne daran, wie er die Rose aussuchte und sie übergab. Vielleicht war er sehr verliebt oder er ist es heute noch? Rosen sind Zeichen der Liebe. Sie richten dem Beschenkten aus, wie man ihn liebhat.

Gott wählte ein anderes sichtbares Zeichen für seine Liebe: das Brot, das Jesus uns gab. Im Paradies war das noch nicht notwendig. Da speiste Gott die Menschen mit seinen Früchten und sie waren glücklich. Sie spürten darin, wie lieb Gott sie hatte.

Irgendwann jedoch begannen sie zu zweifeln und zu fragen. Sie mußten aus dem Paradies heraus und wurden unglücklich, weil sie Gott nicht mehr nahe waren. Gott tut alles, damit die Menschen wieder zu ihm finden. Er schenkte ihnen ja Jesus, der seine ganze Liebe als Mensch weitergeben sollte. Jesus setzte sich oft zu den anderen an einen Tisch. Sie speisten miteinander, redeten und kamen Gott wieder nahe.

Einmal, als Jesus in der Wüste einige Tausend Menschen um sich versammelt hatte, war kein Essen da. Nur fünf Brote und zwei Fische wurden gefunden. Viel zu wenig für so viele! Jesus nahm das Brot, sprach ein Dankgebet und teilte, teilte, teilte. Ebenso machte er es mit den Fischen. Stell dir vor: alle wurden satt, zwölf Körbe Brot blieben übrig!

Am nächsten Tag war Jesus in Kafarnaum. Viele, die ihn tags zuvor schon gehört hatten, waren wieder da. Und wieder wollten sie Brot. Er schüttelte jedoch den Kopf und sagte, sie hätten ihn falsch verstanden: „Ich bin das Brot. Jeder, der mich ißt, wird das Leben von Gott empfangen." (Joh 6, 48).

Einen Tag, bevor er starb, sagte er noch einmal zu dem Brot:
„Das ist mein Leib…" Er opferte sich am Kreuz. Was Jesus
sagte und tat, sollte die unendlich große Liebe Gottes zeigen.
Der Kreuzestod war der Beweis dafür. Das Brot, das uns Jesus
gab, ist das heutige Zeichen seiner Liebe.

Bei der Kommunion empfängst du Brot und Wein. Beides
kannst du in dich aufnehmen. Du darfst Gottes Liebe wieder
in dich hineinlassen, wie es damals im Paradies war. Es ist,
als ob er dir sagen möchte: Ich mag dich unendlich gern.
Deshalb tue ich alles, um ganz bei dir zu sein.

Warum muß ich ein weißes Kleid zur Kommunion tragen? Was gefällt dir besser: Einheitskleidung oder ein weißes Kleid?

In den ersten Jahrhunderten war es üblich, daß nur die Erwachsenen zusammen mit der Taufe die Kommunion empfingen. Die Kerze und das weiße Kleid waren eigentlich Zeichen der Taufe, an denen man die neuen Mitglieder der Kirche sofort erkannte. Mit der Zeit wurden beide Sakramente getrennt. Geblieben sind bei beiden das weiße Kleid der Mädchen und der festliche Anzug der Buben.

Du selbst kannst dich einmal in den Geschäften umsehen und die Preise für ein solches Kleid vergleichen. Da stöhnt so manche Mutti und sagt, ihr sei das zu teuer. Die Alben, die du statt des weißen Kleides anziehen kannst, sind Meßgewänder. Es sind ja das Mahl und die Mahlgemeinschaft, die du zum erstenmal feierst. Du gehörst von jetzt an sichtbar dazu. Das allein zählt, nicht das Geld, das vernünftigerweise gespart wird oder das Mutti einfach nicht ausgeben kann. Gott kommt in dein Inneres, nicht in dein Äußeres! Wichtig ist, daß du festlich gestimmt bist. Dann wirst du auch sicherlich die geeignete Kleidung finden! Beides hat seinen Sinn!

Warum muß ich dem Pfarrer meine Sünden sagen?

Das ist dir bestimmt schon oft passiert, obwohl du es nicht wolltest. Das böse Wort war da und ist aus dir herausgerutscht, als dich der andere ärgerte. Wie schlimm ist es, wenn der sich dann abwendet und dich allein läßt. Die Ich-Feinde in dir dösen nur und wachen sofort auf! Du mußt das wieder gutmachen! Du gehst zu dem anderen, entschuldigst dich oder bringst ihm etwas, woran er erkennt, wie leid es dir tut.

Manchmal jedoch gibt es etwas, was nicht so leicht zu bereinigen ist. Etwas, das man getan hat, obwohl man wußte, wie böse es war. Das liegt dann wie ein Stein im Herzen. Es drückt und macht dich unsicher. Dagegen gibt es nur eines: schauen, wie man von dieser Last wieder frei wird.

Genau das geschieht bei der Beichte. Du gibst Gott den Stein oder die Steine. Er nimmt sie und trägt sie für dich aus Gnade. Gnade ist die Jasagekraft. Gott sagt ja zu dir und hilft, daß du aus dir selber wieder gut sein kannst.

Der Priester, mit dem du sprichst, ist in seinem Auftrag da. Er hilft dir sichtbar, da du dich leichter tust, wenn du jemanden direkt siehst.

Suche dir einen Priester, mit dem du sprechen kannst und zu dem du Vertrauen hast. Tu diesen Schritt, auch wenn es nicht leicht ist. Sich Fehler einzugestehen, ist schwer, auch für Erwachsene. Doch nur so lernst du, auch dem anderen Fehler zu erlauben und ihn anzunehmen. Du fühlst bestimmt, was ich dir mit Worten verständlich machen will.

Wie kannst du aufräumen in mir?

Schau dich einmal ganz genau an! Dein Körper ist wie ein Haus, in dem viel Platz ist. Manchmal sperrst du das Haus von innen zu. Das ist die Zeit, um nachzudenken, zu träumen, zu hören.

Nach einer Weile hast du genug davon und öffnest wieder die Tür, um zu deinen Freunden zu gehen, miteinander zu spielen, nicht allein sein zu müssen.

In diesem Haus bist du der Hausherr. Du allein hast den Schlüssel dafür. Gott möchte gern dein Haus bewohnen, doch mußt du es ihm erst erlauben, hereinzukommen.

Manchen Menschen gelingt das nicht mehr, weil sie in ihrem Haus soviel Unordnung haben und den Schlüssel nicht mehr finden. Du aber hast ihn mit all deinen Fragen bereits in der Hand. Gott kommt herein, sieht das, was in dir ist und fängt sofort an, aufzuräumen. Hörst du das? Eine Stimme in dir sagt „tu das" oder „laß das bleiben".

Es gibt vier Richtungen, in die du schauen sollst: die eine ist Gott, die andere bist du selbst, die dritte ist der andere und die vierte ist die Umwelt. Ein Satz hilft dir dabei. Man nennt ihn die Goldene Regel:

Alles, was du von anderen erwartest, tue auch ihnen. Umgekehrt tue nichts, was man dir selbst nicht tun soll.

Verliere den Schlüssel nicht und stelle weiter viele Fragen an Gott. Er hilft dir immer weiter. Wie er das macht, weiß ich nicht von dir, sondern nur von mir.

Ein Nachwort für „die Großen"

Die Frage nach dem Sinn des Lebens ist heute für viele zur Überlebensfrage geworden. Früher wurden Werte, Sinngehalte, feste Praktiken des Lebens in einer von der christlichen Kultur geprägten Gesellschaft tradiert, also einfach weitergegeben.

In unserer neuen, pluralistischen Gesellschaft ist diese Weitergabe nicht mehr möglich und der einzelne ist gezwungen in der geistigen Auseinandersetzung mit vielen Meinungen, Sinnangeboten und Glaubensüberzeugungen die eigene Überzeugung und Identität zu finden.

Gerade das Unwissen über religiöse Themen und Fragen ist erschreckend groß, auch bei Eltern und oft auch bei Erziehern.

Der christliche Glaube an die absolute Liebe, in der jeder Mensch bedingungslos geliebt ist, ist nach wie vor eine einmalige Quelle für die Grundwerte von Toleranz und Solidarität, ohne die jeder einzelne und auch die Menschheit nicht überleben kann.

Der Dienst der Glaubensvermittlung besteht heute nicht mehr im „Belehren", sondern geschieht durch Erzählen, Zeigen, Gestalten, Zeugnisgeben, wodurch Situationen geschaffen werden, in denen das Kind sich selbst orientieren kann und zum Glauben finden kann.

Die Autorin stellt in diesem Buch ihre reiche Erfahrung als Lehrerin an Grund- und Hauptschulen und als Mutter in der heute notwendigen Weise zur Verfügung. Vor allem auch dadurch, daß sie Kinder direkt anspricht und dadurch Erzieherinnen und Eltern hilft, die selbst unsicher geworden sind in der „Verkündigung" des Glaubens.

Vor allem geht es in diesem Buch um die Vermittlung eines einfachen, klaren und befreienden Gottesbildes und um die Erweckung der Sinne, durch die Kinder (und wir) Gott praktisch erleben können.

Elmar Gruber

Ein Kirchenjahresbuch für Kinder

Manuela Treitmeier

Kommt, laßt uns feste feiern!

Ein Kirchenjahresbuch für Kinder

96 Seiten, durchgehend, teils vierfarbig illustriert
von Karin Schliehe, gebunden. ISBN 3-451-23761-X

Advent und Weihnachten, Aschermittwoch, Ostern, Kirchweih
und andere Feste des Kirchenjahres für Kinder erklärt.

Herder Freiburg · Basel · Wien